Trachtler schee boarisch

von Uli Landsherr

Husum

Liebe Leserin, lieber Leser, liebe Freunde der Tracht!

Als 1983 an die Gründung des ersten bayerischen Trachtenvereins in Bayrischzell vor 100 Jahren mit einem großen Festtag in der Landeshauptstadt München erinnert wurde, da sagte der damalige bayerische Ministerpräsident Franz-Josef Strauß zu der versammelten Trachtlergemeinschaft: „Bayern ist einmalig, und das auch deswegen, weil die Trachten so vielfältig sind." 25 Jahre nach diesem Ausspruch feiern wir 2008 wieder ein Jubiläumsjahr. Und mit Freude und Stolz können wir feststellen, dass sich die Trachten in unserem Lande nach wie vor großer Zustimmung erfreuen. Uli Landsherr hat es bei seinen Reisen quer durch die 25 bayerischen Gauverbände geschafft, sein Auge und seine Kamera dorthin zu lenken, wo sich im Zusammenhang mit der Ausübung der Brauchtumspflege schönste Details ergeben. In seiner einzigartigen Zusammenstellung wird das Bilderbuch seinen eigenen Beitrag dazu leisten, dass die Freude an und mit der Tracht weiter erhalten bleibt. Dafür möchte ich Herrn Landsherr, aber auch den weiteren am Werk beteiligten Leuten, ein herzliches „Vergelt´s Gott" sagen.
Ihnen, liebe Leserinnen und Leser, wünsche ich schöne Momente beim Betrachten der Bilder und Texte.

„Treu dem guten, alten Brauch"

Otto Dufter
1. Landesvorsitzender des Bayerischen Trachtenverbandes

Vergelts-Gott

In diesem einzigartigen Bildband hat der Fotograf auf vielfältige Weise Brauchtum, Heimat und Tradition dargestellt. Mit viel Zeit- und Arbeitsaufwand wurden nicht nur die bekannteren Motive, wie zum Beispiel das Aufstellen eines Maibaums, abgelichtet, sondern auch Einzelheiten, die man in der Eile oft übersieht. Der Autor konnte nicht nur die Trachten und Tätigkeiten der einzelnen Personen sowie der brauchtumspflegenden Vereine in schönen Fotos festhalten, sondern hat diese auch mit wenigen Worten treffend erklärt und beschrieben.

Ich möchte Herrn Uli Landsherr ein herzliches „Vergelts-Gott" dafür sagen, dass er allen Betrachtern dieses Bildbandes Einblicke in die Vielfältigkeit unserer Kultur und unserer Heimat gibt. Jedem, der dieses Buch in seinen Händen hält, wünsche ich die Zeit und die Muße, darin zu verweilen und die Bilder zu genießen.

Marianne Steindlmüller

Marianne Steindlmüller
1. Bürgermeisterin von Frasdorf, Mitglied GTEV d'Lamstoaner

Halt in Ehren, halt in Acht
alte Sitt und deine Tracht.

Steh zur Heimat, hilf uns werben
für Vaterglauben und der Väter Brauch.

Wo des Landes gute Sitten sterben,
stirbt des Landes Blüte auch.

RATHAUS

Dahoam in Oberbayern

Die heute verwendete Schreibweise des Landesnamens mit „**y**" geht auf eine Anordnung von König Ludwig I., König von Bayern, im Jahr 1825 zurück, mit der die vorher geltende Schreibweise „**Baiern**" abgelöst wurde. Im Mittelalter und in der frühen Neuzeit wurde der Landesname auch in der Form „**Bayrn**" geschrieben.

Enzian und Edelweiß, Blasmusik und Schuhplatteln und natürlich auch das bayrische Bier und das Weißwurstessen, vor dem 12-Uhr-Läuten, das sind bekannte Begriffe für Oberbayern. Hier erstreckt sich ein sanftwelliges Hügelland, mit noch ursprünglichen Dörfern, Kirchen und Klöstern, mit saftig-grünen Wiesen und den darauf grasenden Milchkühen. Vom Allgäu bis ins Berchtesgadener Land reichend, mit einer fast unbeschreiblichen landschaftlichen Vielfalt. Dazwischen Isar, Inn, der Pfaffenwinkel und das Werdenfelser Land mit seinen Moorlandschaften und tiefblauen Seen. Der Chiemgau mit dem wohl wärmsten See Oberbayerns, dem Waginger See, der eine Temperatur von bis zu 26° im Sommer aufweist. Nach Süden grenzt sich Oberbayern durch das gewaltige Felsmassiv der Alpen ab.

Brauchtum und Traditionen werden im gesamten Oberbayern bewahrt. Eine Vielzahl Trachtenvereine sorgt dafür, dass diese Bräuche erhalten und weitergegeben werden. Land- und Seeprozessionen, Wallfahrten, Schäfflertanz und Trachtenumzüge, um nur einige zu nennen.

Haflinger waren auf Hochalmen gezogene Gebirgspferde und gelten als freundlich und leistungsfähig. Die Merkmale: edler, trockener Kopf mit großen, freundlichen Augen, rotbraunes bis goldenes Fell, Mähne und Schweif flachsfarben bis weiß.

Gigantisch weiße Wolkenpracht auf bayrisch blauem Himmel,
darunter die saftig-grünen Wiesen des Allgäu

Heutzutage ein seltenes Bild – das Heuwenden mit einem „Rechen"

Holzstapel mit Geranienkästen vor einem Bauernhof am Kochelsee

Trachten

Die Tracht ist die traditionelle Kleiderordnung einer bestimmten Region eines Landes oder der Angehörigen einzelner Bevölkerungsgruppen. Die Trachtenvereine haben sich dem Erhalt und der Weitergabe dieser Trachten verschrieben.

Tracht ist das äußere Zeichen der inneren Einstellung ihres Trägers. Als allgemeiner Grundsatz gilt, die Tracht nicht auszuleihen, nur jene des Heimat- oder Wohnorts zu tragen und sie (bei repräsentativen Anlässen) nicht mit anderen Kleidungsstücken zu kombinieren.

Als bayrische Tracht wird zu allererst wohl die oberbayrische Gebirgstracht verstanden, mit der Lederhose für den Buam und dem Dirndlgwand für das Mädel. Diese Gebirgstracht wurde durch Trachtenvereine und Arbeitsmigration auch in Regionen außerhalb der Berge heimisch. Dennoch ist sie nicht in dem engeren Sinn die „bayrische Tracht", die es als solche einheitlich gar nicht gibt. Vielmehr gibt es unzählige Varianten der Tracht, die sich in den Landesteilen Bayerns unterscheiden.

Ursprünglich verstand man unter Tracht ganz allgemein das „Tragen" von Kleidung oder die „getragene" Kleidung selbst. Die bäuerliche Tracht war wie die städtische Kleidung dem Wandel der Mode unterworfen. Die Geschichte der Tracht in Bayern ist nicht zu trennen von der Trachtenbewegung. Zu Beginn des 19. Jahrhunderts kam es am bayrischen Hof zu einer regelrechten Trachtenbegeisterung und Ende des 19. Jahrhunderts entwickelte sich die Tracht zum Zeichen der heimatlichen Gesinnung, dem sogenannten „Kleid der Heimat".

Seit etwa 1820 begannen ledige Burschen und Knechte die uralte Tracht der tirolischen Waldarbeiter, die mit ihnen in Arbeit standen, nachzuahmen. Dann waren es die Jäger, die diese Kleidung annahmen und ausschmückten. Um 1883 setzte sich der Lehrer Josef Vogl in Bayrischzell für die Erhaltung der alten Trachten und des heimatlichen Brauchtums ein. Er gründete am 25. August 1883 zusammen mit anderen jungen Burschen den ersten „Gebirgstrachten-Erhaltungsverein". 1890 wurde auf Anregung von Thomas Bacher in Bad Feilnbach der Gauverband I als erste Dachorganisation der Trachtenvereine gegründet.

Einer der prominentesten Trachtenpfleger war Prinzregent Luitpold von Bayern, der Nachfolger von Ludwig II. Er war bei der Jagd oft in der kurzen Lederhose (bei Kälte mit langer weißer Unterhose!) zu sehen.

Bei den Frauen und Mädchen war die Miedertracht schon um 1800 heimisch. Die Tracht entwickelte sich durch strenge Kleidervorschriften, die bis in die Mitte des 18. Jahrhunderts bestanden, um Standesunterschiede deutlich zu machen.

D´Höhastoana Wall/Miesbach

Am Gwand sieght ma, wo ma her kumt und wo ma hi ghert!

Auf dem Weg zum Gaufest – Ratzingerhöhe in Greimharting

Hoch zu Ross beim Gaufest Almengrün in Riedering

Schultertuch in Rieden am Forggensee/Allgäu

Chiemgauer Festtracht/unverheiratet

Jeder Schatten wird genutzt – Gaufest in Karlstein

Nicht nur Buben steigen über Zäune

Bequemer geht es kaum – vorgefahren mit dem alten Traktor zum Festzelt in Greimharting

Eine Rarität – echter Adlerflaum. Als Ersatz dient Flaum von Marabufedern

Michael und Anna-Lena – Trachtenhochzeit in Reit im Winkl

Nachwuchs in voller Tracht – Gaufest
Oberer Lechgauverband Forggensee

Roter Rock mit Samtstreifen, die Schürzen mit k
Röschen – Gaufest Kranzlstoana in Karlstein

Loferl, auch Stutzen, gestrickt mit verschiedenen Mustern, je nach Region – hier GTEV Ratzingerhöhe Greimharting

Handgefertigter Haarschmuck – Gaufest in Au

Besticktes Hutband – gesmokte Ärmel

Kinder üben den Bühnenauftritt – Festzelt am Forggensee

Gewohnheit, Sitte und Brauch sind stärker als die Wahrheit.

(Voltaire)

Kassettelgewand mit gesmokten Ärmeln, am Hut Posamenten aus Goldschnüren

Anfahrt zum Gaufest Hochplatte Buching im Allgäu

Nur echte Blumen dürfen ans Mieder.

Große Sammlung schönster Silbertaler, oft Erbstücke

Kein Picknick – Warten auf den Start zum Festzug – Au b. Bad Aibling

Ein wohlverdientes Nickerchen

Schalk mit Seidenschürze – Au b. Bad Aibling

Oberlandler mit Roagaspitz, die Flügelfeder vom Schlangenhalsvogel

Steg, Hemd und Lederhose mit schönen Stickereien

Mädchentracht – Gmund am Tegernsee

Kunstvolle Rüschen am Schalk

Die nächsten Musikstücke werden bestimmt – Ratzingerhöhe Greimharting

Lefima

Blaskapelle mit Schützenstrümpfen in Kochel am See

Verschnaufpause der Hörner in Teisendorf

Oberlandler Musiker in Gmund

Inntaler Hut mit Samtbändern, gesmokte Ärmel

Tradition (von lat. tradere „hinüber-geben") bezeichnet die Übernahme und das Weitergeben von Kenntnissen und Fertigkeiten des Kulturbesitzes sowie von Brauch und Sitte durch mündliche oder schriftliche Überlieferung. Tradition ist in dieser Hinsicht das kulturelle Erbe, das von einer Generation zur nächsten weitergegeben wird. Wissen und handwerkliche Kunst gehören ebenso dazu wie Rituale und moralische Regeln. Der Traditionalismus ist ein durch die Vergangenheit bestimmtes Festhalten an der Tradition, ungeachtet der jeweiligen historischen Situation und der gegebenen gesellschaftlichen Verhältnisse.

Der Ausdruck „traditionell" beschreibt das Übliche und Gewohnte. Der eher bildungssprachliche Ausdruck „traditional" wird dagegen auf die hochkulturellen Inhalte bezogen. Tradition bezeichnet eine Haltung, die am Herkömmlichen, Gewohnten, Überlieferten festhält und Neuerungen eher skeptisch gegenübersteht.

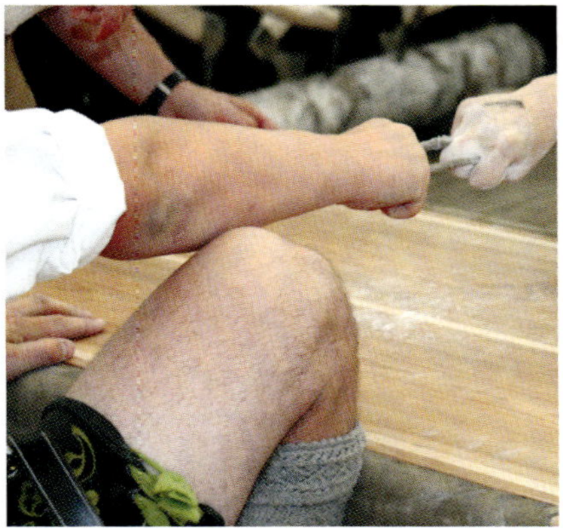

Sammeln für den Festzug – Almengrün in Riedering

Hoch zu Ross mit Standarte – Almengrün in Riedering

Festzug vorbei an Getreidefeldern – Inngau Emmering

Festzug – D´Raschenberger in Teisendorf

Rückmarsch vom Feldgottesdienst zum Festzelt – in Emmering

Fahnenabordnung während des Feldgottesdienstes – in Greimharting

Fahnenträger während Feldgottesdienst – in Riedering

Gebundene Buchskrone für den Festzug

Ranzen mit kunstvoller Federkielstickerei

Vereinsfahnen und Fahnenbänder in feiner Nadelmalerei mit Zierstichen und Bullionfransen

50
15.9.96
Gestiftet
von der
STADT
Vilshofen
1. Bürgermeister
u. Schirmherr
Hans
Gschwendtner
Zur
Fahnen-
weihe

Werdenfelser Hüte – Heimattag in Kochel am See

Miesbacher Hüte – Gaufest Oberlandler

Werdenfelser Tracht – D´Sunnastoana in Uffing

Sitt und Brauch der Alten wollen wir erhalten

Kranzlstoana in Karlstein

Treu dem guten alten Brauch

Letzte Handgriffe – noch kurz vor dem Festzug

Prächtiger Adlerflaum – D´Sunnastoana Uffing

Ranzen mit Monogramm und kunstvoller Federkielstickerei

Hosenträgerstickereien – Hochplatte Buching

Hosenträgersteg und Gürtel mit kunstvoller Federkielstickerei

Kunstvoll geschmücktes Pferd – Michaeliritt in Inzell

Brauchtum

Unter „Brauch" wird ein bestimmtes, bei gewissen Anlässen geübtes traditionelles Verhalten verstanden. Etwa ein sich wiederholendes, gemeinschaftliches Handeln, zum Beispiel bei Ernte- und Hochzeitsbräuchen. Meist wird der Begriff aber einengend als „bäuerliches Brauchtum" ausgelegt, das jedoch mit dem Verlust bäuerlicher Strukturen leider im Verschwinden begriffen ist.

Jeder Brauch als orts- und zeitgebundenes Handeln bedarf der Gemeinschaft, das heißt einer Gruppe wie Familie, Dorfgemeinschaft, auch Handwerkerinnung und natürlich Vereine. Den Rhythmus der Bräuche bestimmen konkrete Anlässe im Jahreslauf (zum Beispiel Prozessionen, Vereinstreffen), im Arbeitsjahr der Bauern und Handwerker oder auch im Kirchenjahr. Das Weiterreichen von Brauchtum kann sinnvoller Inhalt von Bildung sein; durch das gemeinsame Feiern und Erleben wird der Gruppenzusammenhalt gestärkt und Erinnerung wird zur gemeinschaftlichen Teilhabe.

Bräuche sind also Absprachen und überlieferte Formen, die im Rahmen einer sozialen Gruppe oder eines bestimmten Kulturkreises Geltung und Bedeutung haben. Für uns sind das alles vertraute und lieb gewordene Elemente des Zusammenlebens. Auf Außenstehende mögen sie oft unverständlich wirken. Gemeinsame Rituale geben das Gefühl der Zugehörigkeit und des Verbundenseins. Das Brauchtum wird in der Regel von der Mehrheit der Angehörigen dieser Gemeinschaft akzeptiert.

Der Maibaum

Viele Geschichten und Überlieferungen kursieren über den Ursprung des Maibaumes und es gibt widersprüchliche Thesen. Das Brauchtum des eigentlichen Maibaumes geht auf das 13. Jahrhundert zurück, als er sich zum Sinnbild der Zuversicht und Hoffnung auf eine glückbringende, fruchtbare Frühjahrs- und Sommerzeit entwickelte. Das Aufstellen eines entästeten, entrindeten (geschäpsten) und manchmal weiß-blau bemalten Maibaumes bürgerte sich im 16. Jahrhundert ein. Die Tafeln mit den Zunftzeichen der verschiedenen ortsansässigen Handwerker kamen erst im 18. Jahrhundert dazu.

Bei der Auswahl des Baumes wird darauf geachtet, dass er ungefähr 30 Meter erreicht und kerzengerade gewachsen ist, weil er schließlich die Ortsmitte die nächsten Jahre schmücken soll. Die Bäume, meist Fichten oder Tannen, müssen so gefällt werden, dass die Spitze unbeschädigt bleibt. Oft werden die Bäume schon im Winter, unter Beachtung des Mondkalenders, geschlagen.

Bei den bemalten Bäumen wird erst die weiße Farbe aufgetragen, dann das bayrische Blau. Derart bemalte Bäume gibt es vor allem in und um München und im Fünfseenland, die geschäpsten, holzfarbenen Maibäume findet man im Westen des Landes, ans Allgäu angrenzend, aber auch im Werdenfelser Land und im Chiemgau mag man sie naturbelassen. Nach ganz altem Brauch genügte der geschälte, unbemalte Stamm mit dem Naturkranz unter dem grünen Gipfel. Heute haben die Bäume über den Zunftzeichen an der Spitze einen Wetterhahn oder das Wahrzeichen des Ortes.

Es ist eine gute alte Tradition, den Maibaum von Hand, mit den seit jeher gebräuchlichen Schwalben (bayrisch für Scherstangen) aufzustellen. Schwalben sind unterschiedlich lange Holzstangen, die am dünneren Ende mit Stricken zusammengebunden sind. Der Abstand der Stangen muss weit genug sein, um den Baum später damit fassen zu können. Mit vereinter Muskelkraft und unter lautem Kommando werden die Stangen so lange nachgerückt, bis der Baum in der Senkrechten steht, was viele Stunden dauern kann und oft auch schweißtreibend ist. Steht nun der Baum endlich, zollen es die anwesenden Zuschauer mit lautem Beifall und Jubel. Nun müssen noch Halterungen angebracht werden, damit der Baum absolut fest steht und Wind und Sturm standhält. Jetzt können die Zunfttafeln angebracht werden. Mit musikalischer Unterhaltung und ausgiebigen Gaumenfreuden sowie Tanz und Plattln wird dann dieses Maibaumfest gehörig gefeiert.

Der gestohlene Baum wird zurückgebracht – Rottau/Chiemsee

Nach altem Brauch
und Sitte
ſteh ich hier in
unſrer Mitte
zu ſtärken unſer
Freundſchaftsband
zur Zierde unſerm
Baiernland

Frasdorf

D´Stoabacher in Aschau/Inn

Maibaumtanz in Rottnstubn

Bernau/Chiemsee

Warngau

Leonhardi-Ritt

Die Tradition der Leonhardifahrten hat ihren Ursprung vermutlich in der altgermanischen Weihefahrt zu Ehren Wotans, dem Vater aller germanischen Götter. Das Ross war den Germanen ein heiliges Tier. Dieser ursprünglich heidnische Brauch wurde vom Christentum übernommen. Die Truhenwagen erinnern an den heiligen Wagen, der von Weiheschimmeln in den heiligen Hain gezogen wurde. Auch heute noch werden die Rösser und Truhenwagen nach alter Tradition festlich geschmückt. Aus den Weihepferden wurde eine Weihe der Pferde, die als Last- und Arbeitstiere noch bis vor wenigen Jahrzehnten eine wichtige Rolle für die ländliche Bevölkerung spielten. Als Schutzpatron erwählte sich das Volk den Benediktiner-Abt St. Leonhard, der im 6. Jahrhundert in Frankreich lebte. Sein Patronatstag, der 6. November, wurde als der Leonharditag festgelegt. Heute werden zu Leonhardi Wallfahrten mit Tiersegnung, insbesondere von Pferden, abgehalten. Einige Dörfer in Bayern feiern die Leonhardifahrt auch an anderen Tagen im Jahr.

Die bekannteste Leonhardifahrt ist die von Bad Tölz, die immer am 6. November stattfindet, außer dieser fällt auf einen Sonntag (dann am Samstag davor). Sie ist mit ca. 80 Vierergespannen und bis zu 25 000 Besuchern wohl die größte und findet jährlich seit 1855 statt. Der bislang urkundlich älteste Ritt findet in Kreuth am Tegernsee statt, er wurde erstmals 1442 urkundlich erwähnt.

Regentag in Bad Tölz – man hat vorgesorgt.

Warngau

Benediktbeuern

In vollem Galopp aus der Altstadt von Bad Tölz

Der Pfarrer gibt seinen Segen – Truhenwagen in Bad Tölz

Aufwärmen in Warngau

Fesche Miederdirndl in Warngau

Schalkfrauen in Bad Tölz

Fischerstechen Seehausen

Zu einer echten Gaudi der bayrischen Bräuche zählt das Fischerstechen, das in der Regel um den 15. August (Mariä Himmelfahrt) stattfindet. Dabei stehen die Teilnehmer auf den Booten freihändig auf einem schwankendem Brett. Nach dem Startschuss versuchen sie sich mit langen Stangen, deren Spitzen umwickelt sind, gegenseitig ins Wasser zu stoßen. Hierbei sind Geschicklichkeit sowie Standfestigkeit absolut wichtig. Oft dauert dieser Zweikampf viele Minuten, bis ein Gegner vom Brett fällt. Jeder Mann im Wasser gibt einen Strafpunkt.
Es ist spannend und lustig, wenn vom Ufer aus betrachtet werden kann, wer schnell mit dem Wasser Bekanntschaft macht. Derjenige siegt, der als Einziger an diesem Tag keine Berührung mit dem Staffelsee gehabt hat. Gegen Abend, nach der Siegerehrung, wird dann ausgiebig mit Blasmusik und Bier vom Fass gefeiert.

Werdenfelser Tracht zu Boot

Die Kämpfer mit ihren Fantasiekostümen

Kostümteile werden aus dem See gefischt.

Die Werdenfelser Loferl vom Staffelsee

Seeprozession Seehausen

Seit 1935 findet die weithin bekannte Seeprozession in Seehausen statt. Nach dem feierlichen Gottesdienst in der Pfarrkirche St. Michael führt die Prozession vorbei an blumengeschmückten Häusern und Altären. Wunderschöne Blumenteppiche säumen den Weg zur Anlegestelle am Staffelsee. Eine mit Girlanden und Birken geschmückte Fähre wartet auf den Priester mit dem Allerheiligsten, die Abordnungen mit den Fahnen, den Kirchenchor und die Blasmusik.

Begleitet von zahlreichen Booten und Kähnen wird erst die kleine Jakobsinsel angefahren, bevor Fähre und Boote an der größten Staffelseeinsel, der „Wörth", anlegen. Von da aus geht es zu Fuß hinauf zur wunderschön gelegenen und renovierten Inselkapelle St. Simpert. Nach dem Evangelium am 3. Prozessionsaltar geht es zurück auf die Boote.

Bevor die Boote wieder am Seehauser Ufer anlegen, predigt der Pfarrer in Ufernähe, an der Bootslände, um die zahlreichen Zuschauer, die nicht mit den Booten mitfahren konnten, in die Prozession mit einzubinden. Danach geht es zu Fuß wieder zurück zur Kirche St. Michael, wo nach einem gemeinsamen Lied die Prozessionsteilnehmer gesegnet werden.

Das lange Warten vor der Prozession

Die Prozession beginnt.

Buben beim Verteilen der Büschel

Palm-Sonntag Jachenau

Der Palmsonntag ist der 6. Sonntag der Fastenzeit und der Sonntag vor Ostern. Mit dem Palmsonntag beginnt die Karwoche. An diesem Tag wird in der römisch-katholischen Liturgie des Einzugs Jesu in Jerusalem gedacht, als er auf einem Esel in die Stadt ritt und ihm mit Palmwedeln gehuldigt wurde.

In einigen Dörfern wird der Palmsonntagsbrauch beibehalten. Tage zuvor werden die Zweige geschnitten und als Palmbüschel kunstvoll gebunden an langen Stangen befestigt. In einer Prozession zur Dorfkirche tragen die Kinder diese Stangen mit den Palmbüscheln zur Palmenweihe. Nach dem Gottesdienst werden die geweihten Zweige wieder mit nach Hause genommen. Sie sollen nun durch die Weihe unheilabwehrende Wirkung haben. Die Kinder verteilen die Palmbüschel bei Verwandten oder befreundeten Familien und bekommen meist Taschengeld oder auch Geschenke dafür.

Nach altem Glauben sollen die kleinen Sträuße vor Blitz und Unwetter schützen. Daher werden diese in den „Herrgottswinkel" gesteckt oder man legt sie zum Kruzifix, zu Heiligenbildern, Weihwassergefäßen oder steckt sie auch hinter den Spiegel. Diese Palm-Zweiglein werden erst nach einem Jahr durch neu geweihte ersetzt. Bei besonders schlimmen Übeln oder Krankheiten wurden die Palmkätzchen auch von Menschen geschluckt.

Die Prozession zur Messfeier

Kunstvoll gebundene Palmzweige

Die Stangen sind oft doppelt so lang wie die Träger.

Plattl´n und Dirndldrahn

Der Plattler wird auf traditionelle Art und Weise vielerorts von Trachtenvereinen ausgeübt, hauptsächlich zur Pflege des Brauchtums. Beim traditionellen Schuhplatteln wird die Tracht getragen und natürlich beim Preisplatteln. Das ist ein Turnier, bei dem mehrere Vereine und Gruppen zusammenkommen, um im Einzelwettbewerb oder im Gruppenwettkampf gegeneinander anzutreten. Hier wird neben der Exaktheit der Tanzausführung besonders auf die Originalität und Vollständigkeit der Festtracht geachtet.
Die Tanzbewegungen waren ursprünglich Werbetanzfiguren. Ein Tänzer wollte seine Tänzerin mit akrobatischen Figuren beeindrucken und damit für sich gewinnen.
Die Form war zunächst noch frei und ohne Regeln. Meist im Dreivierteltakt eines Ländlers absolvierte der Bursch eine Folge von Sprüngen und Hüpfbewegungen nach dem Rhythmus der Musik. Dabei schlug (plattelte) er sich selbst auf Schenkel und Fußsohlen, klatschte in die Hände und stampfte mit den Füßen auf. Den Abschluss bildete ein kurzer walzerischer Rundtanz mit dem Dirndl.
Nach einer umstrittenen Theorie ging der Plattler aus der Beobachtung des Auerhahns hervor, diese Hühnerart war früher im Voralpengebiet und in den Hochalpen sehr verbreitet. Im Frühjahr balzt der Auerhahn mit aufgeschlagen Flügeln und hochgerecktem Schwanz vor den Hennen, um sie für sich zu beeindrucken. Diese Art der „Brautwerbung" wurde dann angeblich in einen Werbetanz – den sogenannten Balztanz – übernommen.
Aus diesem ursprünglichen Werbetanz formten die bayrischen Gebirgstrachten-Erhaltungsvereine um 1850 einen genau festgelegten Tanz, den Schuhplattler. Er wurde damit vom Werbetanz zum Schautanz.

Geschulterte Laubenbögen – D´Raschenberger Teisendorf

drah di Dirndl, drah di

Mühlradltanz – GTEV Glonntaler

Mühlradltanz – GTEV Glonntaler

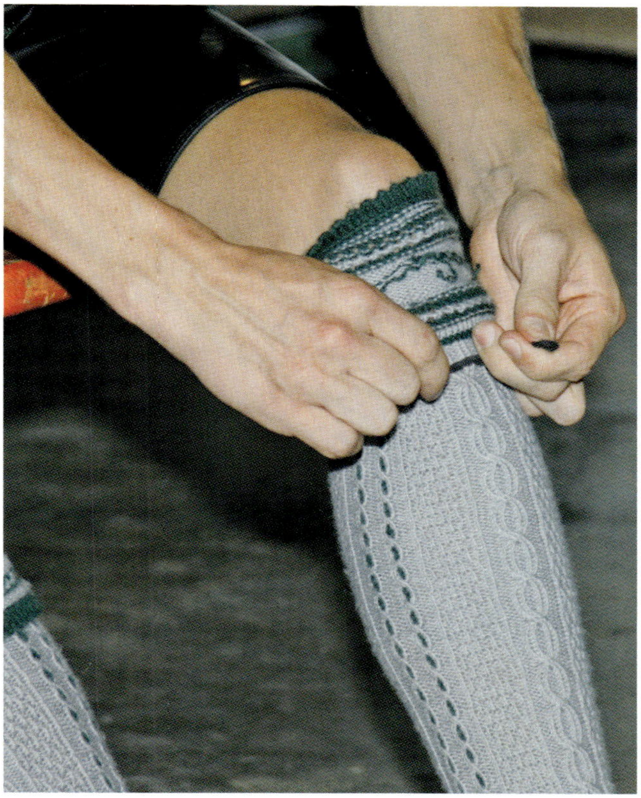

Burschenplattler – Miesenbacher in Ruhpolding

Sterntanz – D´Raschenberger in Teisendorf

Sterntanz – Miesenbacher in Ruhpolding

Laßt am guten Alten
uns in Treue halten,
aber auf dem neuen Grund
Gutes ſchaffen jede Stund!

Josef Lettl

Dirndldrahn – Gaufest Inngau in Emmering

Musikabend – Alpengrün in Bad Aibling

Dirndldrahn – Gaufest Inngau in Emmering

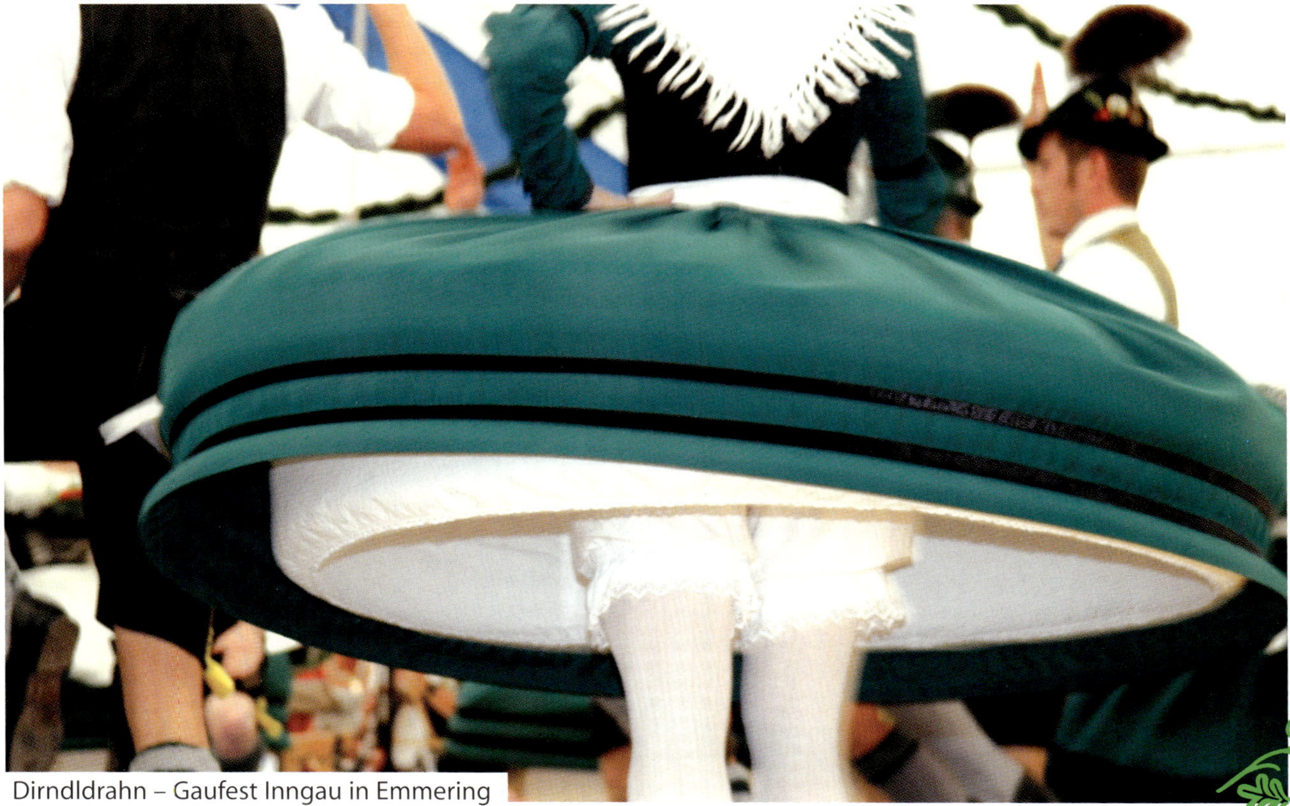

Dirndldrahn – Gaufest Inngau in Emmering

Holzhackertanz – Almengrün in Riedering

Burschenplattler – Miesenbacher in Ruhpolding

Und jetzt spui ma no a neis Liadl

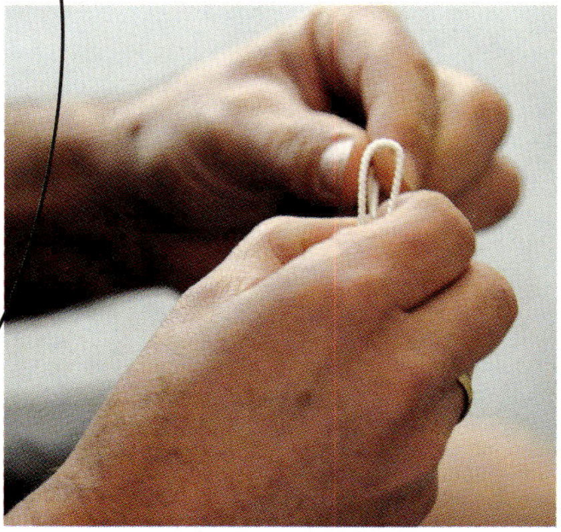  

Goaßlschnoizn

Das „Goaßlschnalzn" stammt von Fuhrleuten, die mit Ihren Pferdegespannen von Ort zu Ort unterwegs waren. Zur Erkennung, wer des Weges kommt, hatte jeder der Fuhrleute seine eigene Art mit der Peitsche zu „schnalzen". Es entstanden bestimmte Schlagarten, wie der Vorhandschlag, der Rückhandschlag und der Doppelschlag, später auch die „Triangel". Im Laufe der Zeit entstanden so Erkennungsmelodien, einzelne Fuhrleute entwickelten beachtliche Geschicklichkeit im Umgang mit ihrer Peitsche.

Die Fuhrmannsgoaßl ist langstielig und besitzt eine relativ kurze Schnur. Der Stiel ist etwa 1,40 bis 1,50 Meter lang und verjüngt sich vom Griff bis nach oben hin zur Öse. Der Stiel der Goaßl muss sich biegen lassen und ist meist aus Glasfiber. Der Griff ist aus einem gummiartigen Material. Über eine etwa 5 Zentimeter lange feine Schnur, dem „Schlag", ist die etwa 1,10 Meter lange, aus Hanf geflochtene Schnur, der „Strick", am dünneren Ende des Goaßlstieles an einer Öse angebracht. Die Schnur verjüngt sich nach unten, dort hängt eine kleine gedrehte Quaste, die „Schmitz", sie ist meist eine Perlonschnur. Die Schmitz ist entscheidend, denn durch sie wird das Schnalzen erst möglich.

Durch eine äußerst schnelle Bewegung erzeugt die Schmitz innerhalb von $^{1}/_{1000}$ Sekunde ein Vakuum. Durch diesen luftleeren Raum stößt die Luftsäule wieder zusammen und ergibt den Knall. Zur Erzeugung des Knalls gehören nicht nur Kraft und Ausdauer, sondern auch Eleganz, Takt- und Rhythmusempfinden, da heute meist zu den Tönen der Ziehharmonika geschnalzt wird.

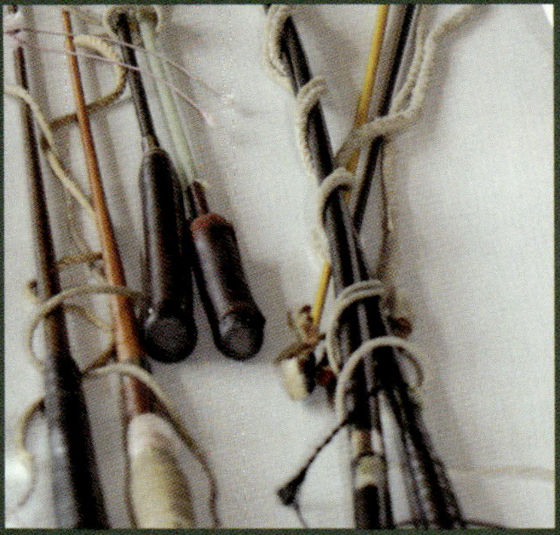

WAXNSTOANER
Treu dem alten Brauch
CANADA

WH

Kunstvollst gestickter Ranzen

Schnalzer in Rossholzen/Samerberg

Aperschnalzn

„Es wird aper" bedeutet: Der Schnee schmilzt. Dabei handelt es sich um einen alten Brauch mit doppelter Funktion: Das laute Knallen der Goaßln soll die Winterunholde vertreiben und zugleich die im Winter „schlafende Natur" zu neuem Wachstum erwecken. Heute treffen sich Burschen von Mitte Januar bis Anfang Februar im Rupertiwinkel und um den Waginger See zu Wettbewerben im Peitschenknallen. Auf freiem Feld stellen sie sich der Reihe nach in verschieden großen Gruppen auf. Der Aufdreher gibt das Kommando. Durch das Schwingen der bis zu 3 Meter langen Schnüre und einer kurzen, ruckartigen Gegenbewegung entsteht das laute Knallen. Beim Schnalzen ist eine gewisse Technik wichtiger als reiner Kraftaufwand.

Ein alter Brauch und für viele der Höhepunkt nach dem Leonhardiritt in Bad Tölz ist das laute Schnalzen in der Fußgängerzone, zur Abwehr der bösen Geister.

Schnalzer nach dem Leonhardiritt in Bad Tölz

Aufdraht!

Oane, zwoa, drei und dahi geht´s

Aper-Schnalzer in Kirchanschöring

Aper-Schnalzer in Teisendorf

Fingerhakln

Hierbei handelt es sich um ein alpenländisches Kraftspiel, vorwiegend in Bayern und Österreich verbreitet. Es ist ein wichtiger Bestandteil unseres Brauchtums und Kulturlandschaft. „Beide Hakler fertig, zieht!", so lautet das Kommando. Beim Fingerhakeln sitzen sich beide Hakler an einem Tisch gegenüber und versuchen den Gegner am Finger durch körperliche Kraft, Überwindung des Dehnungsschmerzes und einer entsprechenden Technik zu sich herüberzuziehen. Hinter den beiden Haklern sitzen zwei Auffänger. Und natürlich ein Schiedsrichter sowie ein Vorsitzender und zwei Beisitzer.

Gehakelt wird mit einem lederbezogenen Hanfriemen, ca. 10 Zentimeter lang und 6 bis 8 Millimeter stark. Manche haken auch nur die Finger ohne Riemen ineinander. Am Beginn von jedem Kampf darf nur 1 Knie am Haklertisch abgestützt werden, sobald das Kommando erteilt wurde, dürfen die Hakler auch das zweite Knie am Tisch abstützen. Gehaklelt wird nach einem erweiterten K.-o.-System, in dem man nach zwei Niederlagen ausscheidet. Sieger in einem Kampf ist der, der den Gegner als Erster über seine Linie gezogen hat oder gar über den Tisch. Der Tisch ist laut Statuten des Landesverbandes Bayrischer Fingerhakler 79 Zentimeter hoch, 74 Zentimeter breit und 109 Zentimeter lang. An den beiden Längsseiten ist der Tisch mit Leder gepolstert. Am Tisch selbst befinden sich drei Linien. Der Abstand zwischen der Mittellinie und den seitlichen Linien beträgt 32 Zentimeter, wobei sich die seitlichen Linien 5 Zentimeter vom Tischrand entfernt befinden.

Antreten kann man übrigens mit allen Fingern seiner Wahl außer dem Daumen. Am beliebtesten ist aber der Mittelfinger. Der Ziehfinger wird vor dem Kampf mit Magnesiumpulver eingerieben und massiert. Die meisten Hakler trainieren ihren Ziehfinger vor großen Turnieren besonders eifrig. Angeblich wurden so früher im Alpenland Streitereien ausgetragen. Tatsächlich ist Fingerhakeln in seiner heutigen Form ein organisierter Sport. Jedes Jahr werden Meisterschaften in verschiedenen Gewichts- und Altersklassen ausgetragen.

Gaißacher Buben auf der Christl-Alm

Den Gegner bereits über den Tisch gezogen

Der Sieger steht schon fest

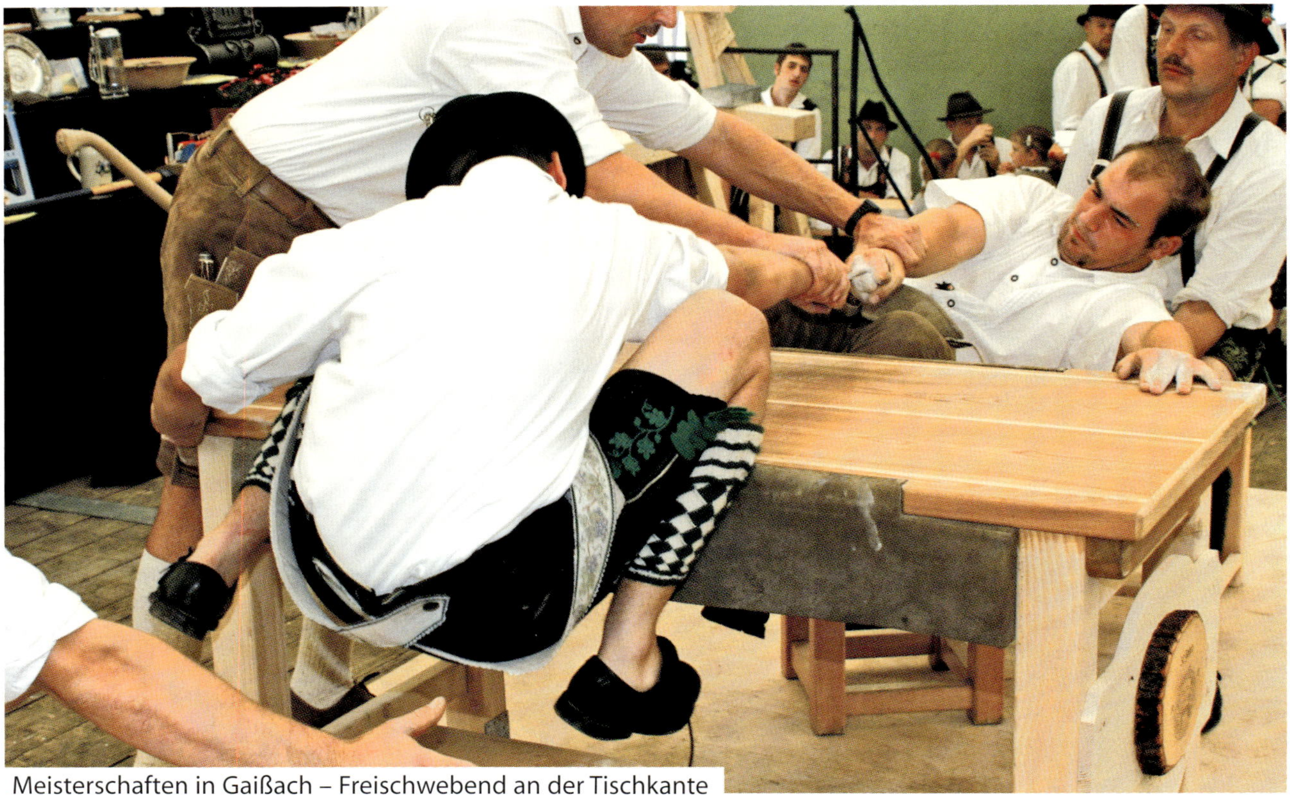

Meisterschaften in Gaißach – Freischwebend an der Tischkante

Themenübersicht

Durch meine Wanderungen und Bergtouren habe ich das Bayrische Oberland kennengelernt. Dabei war ich immer mit der Kamera auf Motivsuche unterwegs. Mit großer Leidenschaft fotografierte ich Pflanzen, Seen, Tiere und und und …

Die Faszination für die Gebirgstrachten hat 2006 begonnen. Auf einer der Fototouren kam ich nach Seehausen, zum Fischerstechen. Dermaßen begeistert von den Trachtlern, die das Fischerstechen ausrichteten, ließ mich das Thema Trachten und Brauchtum nicht mehr los. Seit dieser Zeit bin ich an vielen Wochenenden, das ganze Jahr über, überall dort, wo Trachten-Veranstaltungen stattfinden.
Daraus ergaben sich viele interessante Kontakte zu Trachtlern, bei denen ich mich an dieser Stelle herzlich bedanken möchte, für die freundliche Aufnahme in ihrer Mitte oder auch nur durch die stillschweigende Duldung meiner Fotolinse.

Vor allem vielen Dank an Bert Brunner, Christian Mayerhofer und d´Stoabacher, Peter Ludwig vom Almrausch Stamm München, besonderen Dank an Toni Hölzelsperger (Verkehrsamt Samerberg), Annamirl Raab für ihre fachliche Beratung und selbstverständlich an meine Frau Birgit, die mich an vielen Wochenenden begleitet hat.

Uli Landsherr

Bibliografische Information der Deutschen Nationalbibliothek

Die Deutsche Nationalbibliothek verzeichnet diese Publikation in der Deutschen Nationalbibliografie; detaillierte bibliografische Daten sind im Internet über http://dnb.d-nb.de abrufbar.

Idee, Konzept, Fotos, Text, Layout: Uli Landsherr, München, www.landsherr.com
Druck: Husum Druck- und Verlagsgesellschaft
Postfach 1480, D-25804 Husum – www.verlagsgruppe.de

ISBN 978-3-89876-413-1